Éditions DIASPORAS NOIRES

www.diasporas-noires.com

©Youssouph Ka 2020
ISBN version numérique : 9782490931064
ISBN version imprimée :   9782490931071
Date de publication : Février 2020

Youssouph Ka

Du droit naturel à la concession

Essai

Collection Savoirs

Avant-propos

Si l'État a vraiment besoin d'exister, ce serait pour nourrir parmi les gens la notion du partage et la quête du bien-être. L'humanité c'est un mode de vie invariable. Il est naturel de savoir que l'oppression ne subsiste que s'il y a faiblesse. Les seigneurs féodaux ne parvenaient à soumettre des populations que parce qu'ils étaient entourés par de grands guerriers. Et il y a de quoi réfléchir si aujourd'hui nous opposons le civil au militaire. Quand on légitime l'autorité d'un homme qu'on met dans des conditions largement supérieures aux siennes, cela veut dire qu'on s'est forgé une divinité. La condition du prince c'est la représentation sociologique en droit naturel (cf. Note de textes 1). C'est-à-dire, nul ne peut vivre de manière digne sans être dans le même confort ou dans la même souffrance que le souverain. Ainsi, si ce dernier est réjoui de son bien-être, malgré la pauvreté de certains, il devient le plus ignorant des gens ; et s'il échoue à rétablir la justice, on peut dire que le pouvoir ne lui convient pas. En d'autres termes, le prince ne doit pas se débarrasser du peuple ; il ne peut se trouver un palais. Comme tout le monde, il doit mener une vie noble. Il doit cohabiter avec les membres de son clan, car, c'est ainsi qu'on parvient à unir la force de chaque tribu. Il relève du droit naturel que chaque famille soit dotée d'un jardin, raison pour laquelle, il serait inadmissible qu'il se nourrisse de ce qui n'est pas le produit de ses cultures. En plus, il a l'obligation d'apprendre à sa femme et à ses enfants les sciences communes, en commençant par la philosophie, les mathématiques, l'Histoire et la Religion : telle est la condition invariable que personne ne laisse de son plein gré.

On ne trouvera des gens misérables que si l'on a cultivé l'oppression. Par l'attitude d'un prince responsable, on peut libérer toute une nation de « l'esclavage du travail », et faire effondrer la perversité des esclavagistes. Le prince rétablira l'honneur et la dignité pour que chacun soit conscient du fait que *l'amour de soi soit au-dessus de toute chose.* Et quand « l'homme sera libéré de l'homme », les conditions qui favorisent le célibat et l'amour de la pauvreté seront révolues. On ne se permettra plus d'abuser des hommes et des femmes pour en faire des célébrités. La beauté du corps est infiniment plus admirable que la cinématographie, le journalisme, la magistrature, l'armée, et tout ce qu'on peut imaginer. D'ailleurs, il ne m'est parvenu la connaissance d'une magie aussi vile que l'idée de faire croire aux gens que le riche et le pauvre sont « égaux » devant la « citoyenneté », et que le militaire est comparable au civil. Certains égards aux choses conventionnelles étouffent le génie et la sagesse, et la plupart des conventions disciplinaires reposent sur l'ignorance de la grandeur de l'esprit. Il faut noter que la totalité des sciences réunies forme ce qu'on appelle l'Économie. Toute logique mène vers une économie précise ; et la civilisation n'est rien d'autre que l'adoption et l'adaptation d'une philosophie parmi d'autres. Ce qui fait de la recherche des contractions dans les politiques et les projets, l'effet même d'une « science bénéfique », ou la conscience du « caractère inchangé de l'homme ». L'obsession qu'on a aujourd'hui des médias nous obscurcit l'art de l'information. « Le caractère inchangé de l'homme » veut dire dans certaines mesures que le champ de l'actualité est fort médiocre ; que le superflu qui détermine l'Internet ne peut être qu'un outil contre l'objectivité : supposons une sphère où le bien n'est pas supérieur au mal, et qu'entre l'obscurité et la lumière il n'y ait point d'alternation. Quand on évolue dans un monde pareil, en se soumettant à des « pouvoirs » aussi louches, où tout se donne la force d'une « actualité », on raréfie sciemment le bien pour en faire une tentation contre l'humanité, d'où il ne servira à rien de croire à la plupart des gens.

Par l'œuvre de certains grands ignorants du droit naturel, on a réussi à humilier l'être humain ; et on se sert de cette humiliation pour joindre l'idolâtrie « aux outils de cette oppression ». Si une analogie est nécessaire, disons, le roi qui insiste pour que ses serviteurs lui cherchent de l'herbe pour son troupeau, il est improbable qu'il songe au bien-être de ses esclaves. C'est-à-dire qu'on insulte le peuple quand on l'invite à se compromettre, à devoir voter pour qu'on améliore ses conditions. Les masses sont souvent aviles par leurs propres perversités, l'ingratitude qu'elles développent contre elles-mêmes (cf. Note de textes 2). Il n'y a pas d'idéal qui puisse subsister avec la morale d'un peuple qui n'aspire pas aux principes du droit naturel. Les gens ne doivent vivre que sous la souveraineté de leurs généalogies, de leurs couleurs, de leurs langues, de leurs histoires, ou de leurs religions. Partager la même identité c'est penser et agir de la même façon. La laïcité serait vaine si l'on ne saisit pas la volonté de vivre ensemble comme l'ultime moyen qui met chacun devant ses responsabilités. En acceptant l'inégalité, peu importe avec lequel des discours nous permettent de savoir qu'on aime que des gens soient injustement tués, soit par la guerre, soit par les maladies, ou par les conditions de travail, le chômage de masse et l'émigration clandestine. Et quand on accepte la divergence comme un bienfait ou une modestie, alors on vénère la colère et le mépris.

Introduction

Certaines démocraties s'inscrivent dans une logique de fatalité parce qu'elles reposent sur le déni du fait humain en créant des mécanismes étrangers à « la sociologie existentielle », et en nourrissant la démagogie institutionnelle. Et l'ignorance devient terrifiante quand on professe des fables comme la Préhistoire, en bannissant au nom de la science « la vie dans la jungle » avec tout ce que cela exige comme sagesse, sociabilité et bien-être (liberté) ; en voyant l'idée que toute une communauté puisse s'investir dans la pêche ou la chasse pour survivre, comme de l'ignorance ; en considérant la cueillette hors du domaine agricole, et en estimant « la sédentarisation », « la domestication des animaux » et « l'activité économique » comme l'entrée de l'humanité dans l'évolutionnisme. Ainsi, on corrompt toute la grandeur humaine. On doit comprendre que l'échange n'aurait été conçu que par pur amusement ; mais à force que la population du monde augmente, que la diversité devient plus considérable, certains individus pervers inspirent constamment le partage sous condition. Et parfois, en plein milieu naturel, cette faculté égoïste produit bien une noblesse en soi, par l'épreuve à laquelle l'âme serait soumise. On serait alors amené à être gentil à l'égard des proches, des esclaves et des employés ; une sorte d'idéal qui ne laisse pas comprendre de façon objective la corruption de l'âme (cf. Note de textes 3). Raison pour laquelle la plupart des gens ne parviennent pas à comprendre l'origine des inégalités civilisationnelles. Le principe du nationalisme altère l'idée que la nationalité soit généalogique, et développe une perception aveugle des biens. Le seuil des humiliations que la modernité dresse contre l'humanité, c'est le fait d'attendre du boulanger le pain, de l'agriculteur le blé, du pécheur le poisson, du journaliste la bonne information, et du professeur la science fiable, sachant que tout homme est appelé à conserver sa liberté.

La plupart des gens supposent que l'existence se résume au fait de gagner sa vie, de travailler, jusqu'à devenir incapable ; d'en vouloir à soi lorsque des agents de l'État jugent qu'on n'a pas le niveau pour accéder à l'université, ou d'en avoir un diplôme ; de s'en prendre à sa dignité pour avoir été ignoré par un service, malgré tout le machin de CV, de stage, et de demande d'emploi : ils s'exposent alors à la faiblesse, au stress et à la colère.

Chacun cherche à se forger une personnalité en fonction de la tendance, en sollicitant inconsciemment que des hommes et des femmes, sous le prétexte d'être employés, puissent se conformer à l'exploitation. Donc, ils développent un caractère misérable, en considérant que c'est dans l'ordre du destin que certains doivent rester riches et d'autres pauvres. Ce qui démontre parfaitement le fait qui les détermine, l'obscurantisme qui les conduit, la cause qui les oblige à se tromper même à propos de Dieu. Certains pensent que la pauvreté est naturellement circonstancielle. Cette catégorie d'individus juge que le pauvre doit nécessairement adopter une conduite qui lui permettrait de survivre de façon « honorable » à côté des puissants, en essayant d'avoir certaines facultés qui pourront les attirer. De ceux-là, on voit celui qui supporte la servitude ouvrière comme une injustice inévitable, un destin à prendre pour mettre sa progéniture dans des conditions admirables. Ils se donnent donc le choix de la souffrance pour avoir de quoi payer les études de leurs enfants, en espérant qu'ils réussiront. Il y a également celui qui manifeste de l'indifférence absolue ; ceux qui, au lieu de se plaindre, se permettent de vanter les réalisations des classes dominantes. On peut noter que, chez tous ces gens-là, l'état du cœur est déficient, il n'est pas favorable à une parfaite (vie spirituelle). De même que ceux des classes privilégiées qui prétendent aimer les pauvres sans méditer sur la violence que le monde exerce sur eux, ni d'essayer de promouvoir le partage des ressources. Car, ce que ces malheureux convoitent n'est point la survie, mais la fin de la privation. Et c'est légitime : c'est légitime parce qu'ils ne sont pas responsables de leurs souffrances. Le pire des scénarii c'est l'initiation au yoga et à toute sorte de rituels dans les entreprises. Ce sont des sournoiseries qui incitent l'individu des classes dominées à se mentir, à produire des émotions contraires à celles qui l'animent, à devoir ignorer que la pauvreté c'est l'existence qui cultive continuellement le mal-être, à devoir montrer qu'il est satisfait, qu'il sait gérer la pression et l'humiliation qui relèvent des réalités du travail. Si depuis des siècles on défend l'inégalité naturelle des classes et des races, l'exploitation légitime de l'homme par l'homme, la divinisation des princes et des gouvernements, c'est parce que la méconnaissance du principe naturel est aussi vieille que la politique des hommes. Quand on trouve insupportable le flux migratoire, et qu'on milite pour que l'accès au travail soit une réalité pour tous, je réalise qu'on serait plutôt dans une logique de valorisation des droits naturels.

J'ai expliqué la démagogie civilisationnelle en démontrant « l'absence d'inégalités » dans l'ordre naturel ; je veux poser maintenant *la théorie de l'équilibre* en partant de la force de l'émotion, pour montrer la ruse de la politique. En général, quand les princes établissent des lois, ils se précipitent à fixer des interdits, pour faire des patriotes et des criminels. Ils ne cherchent pas à distinguer la part de l'émotion dans la culpabilité. Alors qu'ils peuvent faire en sorte qu'on soit incapable de transgresser la loi. Nul ne peut éprouver de la colère quand on lui montre de la tendresse, et nul ne peut prétendre être joyeux quand on le déçoit. Par conséquent, si l'on culpabilise sous le coup de l'émotion ou bien, à cause de l'acte émotionnel, non seulement on use la loi naturelle contre l'inadvertance, mais on détériore la morale et l'existence : une cause en rapport avec un souvenir ou la jalousie rend l'accusé victime de l'accusation dont il est chargé or, si la cause provient de la dictature, du cynisme des banques, des réalités du travail ou de la stigmatisation, il est indubitable que la société en soit l'unique responsable. *La philosophie de l'équilibre* devient beaucoup plus complexe quand elle confronte le destin et l'irréversibilité de la fatalité. J'arrive à la conclusion suivante : l'erreur n'est pas fatale dans la mesure où elle procure de l'expérience ; la certitude provient de la transgression quand la curiosité indique le sens de l'indifférence ; la tolérance nourrit l'indifférence tant qu'elle dépend de la modestie ou d'un optimisme dirigé, sachant que la jalousie découle du pessimisme des préjugés. En fait, la déficience des conditions humaines prouve que notre conception du monde trahit l'ordre naturel. *Le concept de l'équilibre* permet d'avoir un aperçu net de la politique. Dans la conception globale, le « droit politique » n'a d'autre option que de rationaliser *l'acte émotionnel.* Le «rationalisme» considère l'apport de l'avocat indispensable pour celui qui convoite un procès équitable. Il arrive également qu'on puisse en priver certains. Et dans cette perspective, le débat des influents et des mauvais avocats se pose. Ce qui nous permet de dire, la conception politique du droit naturel exclut dans la justice le fait de prendre un avocat, dans la mesure où l'on considère la jurisprudence et le verdict comme produit de l'émotion. La méthode classique de la justice repose exclusivement sur la dignité. On n'apprend pas à devenir juge pourvu que ça soit un dispositif qui varie d'un individu à un autre, et d'une tribu à une autre, en fonction de la loyauté qu'on éprouve dans tout ce qui suscite l'honneur. L'absence du corps magistral symbolise en l'occurrence la grandeur de la compensation et l'ineptie dans le fait d'être payé quand on prétend défendre la justice. Et dans ce cas, il ne peut y avoir de prisons quand le statut du juge est ignoré. Celui qui est censé apporter la lumière sur une affaire, en raison de son humanisme, ne peut se permettre de blâmer qui que ce soit, et la peur de l'humiliation rend relatif le fait d'apporter un témoin. Toutes les sociétés soumises aux lois naturelles limitent la quintessence de la justice autour de ce que j'appelle *la théorie de l'équilibre.* La loi du talion n'est pas une partie intégrante de la loi, même si on peut y faire recours, quand *l'acte émotionnel* est dépourvu de cohérence. La défense naturelle fixe alors les limites du talion, c'est-à-dire, il y a dans l'émotion des choses qui dépassent la morale, et qu'on ne peut établir un jugement équitable dans l'incapacité d'appréhender. Le fait d'avoir des preuves contre une personne n'est conséquent que si l'on ignore le pourquoi de sa réaction, même si ça implique le meurtre. La violence et le meurtre ne posent de problèmes que s'ils sont intolérables. Celui qui risque d'être violé ou tué, doit se défendre comme il se doit, et de trouver la loi en sa faveur ; et qu'il ne doit pas s'empêcher de se rebeller quand on le condamne, alors qu'il jure d'être innocent : il n'existe pas de vertu dans la lâcheté. Étant des êtres faibles qui aspirent à la grandeur, il est illogique que la volonté qui dérive de l'agrégation puisse être pénible. Cela implique bien évidemment la question de responsabilité.

Du droit naturel à la concession

Chapitre 1. Le principe du droit naturel

La concession qui nous interpelle est certes le produit de la naïveté de ces détracteurs du droit naturel. Les types de démocraties qui se forgent sur la dégradation des conditions humaines ne peuvent être indemnes d'influences autoritaires seigneuriales, monarchiques ou aristocratiques. L'étude de ce chapitre consiste à établir, en partant du droit naturel, la vraie genèse de la démocratie. On oublie souvent qu'aucune loi ne vaut autant qu'un homme ; qu'on se permet sciemment de ne pas admettre que nous établissons chaque loi dans l'optique de consolider la manière dont nous prenons soin de notre évolution, l'art avec lequel nous aspirons jouir des bienfaits naturels. J'ai évoqué le travail source d'emploi comme facteur de déshumanisation, un consensus contre nature et offensant envers les directives divines. C'est-à-dire que jouir des richesses est un droit naturel qui fixe la morale de tout projet politique. Et nul ne peut comprendre ce principe sans partir des insuffisances scientifiques d'ordre sociologique, philosophique, anthropologique, étatique, religieux et politique. Il faut donc nier, en dehors de la volonté, la moindre influence naturelle, climatique, environnementale, ou transcendantale sur le caractère. Bref, c'est l'art de déconstruire les démagogies civilisationnelles de la philosophie du capitalisme, pour poser *l'idée du fait humain* conformément au principe du droit naturel. Les théoriciens du « droit politique » pensent que l'homme est censé être un animal (en état de nature) avant d'être un homme (en état social), par le biais de la politique, qui lui fait un don de la morale. Ce qui est absolument faux et contraire à la nature des choses. Le lecteur doit comprendre que ces théories ne peuvent en aucun cas refléter le destin de l'homme ou la conception de la vie. C'est-à-dire, on vit toujours en société, peu importe l'hypocrisie des politiques ou l'égoïsme des individus. On doit nécessairement apprendre la constance des couleurs raciales et la vanité de la théorie de « l'évolution morphologique » et celle de « la migration des Africains » qui permettrait de peupler les autres continents. L'art de s'efforcer à réaliser la pureté de ce qui est, et de ce qui doit être, est naturel chez l'individu. Ce n'est pas le fait de se résoudre naïvement à adopter des besoins irréalisables pour compenser les souffrances des masses populaires ni de s'aventurer à maudire les doctrines philosophiques qui nous envahissent. Non. Et ce n'est pas non plus le discours insupportable du religieux qui suppose que l'inégalité soit par essence le fait d'une volonté divine : nul n'est tenu à adopter une politique qui compromettrait sa propre perception du monde (cf. Note de textes 4).

Le principe du droit naturel doit être perçu comme une grâce. C'est une issue favorable à la médiocrité de la diplomatie qui dégrade la beauté de la géopolitique. Que ce soit par l'œuvre de Spinoza, de Rousseau ou de Montesquieu, on voit le philosophe qui s'illustre comme un sorcier, un caricaturiste de la raison, qui utilise les lois naturelles contre les lois divines. Je crois que Spinoza est le plus éloquent des maîtres de cette discipline et pourtant, il laisse paraître cette faille. Ils font l'erreur de croire que l'homme est stupide et violent (cf. Note de textes 5). Or, si l'on est naturellement stupide et violent, d'où nous parviendrait le désir de fuir la violence ? Ce qui est perpétuel c'est la lutte entre le bien et le mal, et la totalité de l'histoire repose sur cette représentation. N'est violent que celui qui est oppressé, et la seule sagesse qui s'impose à lui, c'est de se battre jusqu'à ce qu'il obtienne la liberté. De ce fait, il est inutile de vouloir apaiser des gens qui vivent dans la pauvreté, et on ne doit pas se servir de la citoyenneté pour inciter des jeunes à accepter la servitude, puisqu'on ne peut pourvoir des valeurs démocratiques sans hypocrisie à des précaires. L'idée est que, la pulsion qui a abouti au capitalisme a été la perversité des pharaons, des rois et des seigneurs. Au temps des pharaons, le meilleur de ce que le patriotisme rendait possible, c'était de croire à la divinité de leur noblesse, et d'être soit un soldat qui sacrifie son bien-être pour nourrir leur fantasme, soit un philosophe, un sorcier qui s'appuie sur sa perspicacité pour mettre en avant son imagination, ou, sa pulsion, comme facteur de prophétie ; de la même façon qu'on pouvait éprouver de la loyauté, en payant l'impôt aux seigneurs, pour être protégé par leurs hommes.

Le fait du militaire n'est pas une chose permanente en « sociologie existentielle ». C'est plutôt la conduite qui embrasse les citoyens à chaque fois qu'ils réalisent que leurs conditions sont menacées, et qu'ils s'imposent une vie guerrière dépourvue de bien-être. Loin d'être dans l'ignorance du mal qu'il y a à s'infliger la souffrance, ils prennent ce qui semble être nécessaire pour surpasser l'ennemi en courage et en tactique. Je veux bien qu'on aime sa patrie et qu'on défende de la façon la plus honnête les politiques qu'on y établit. Ce que je n'ai pas envie de comprendre, c'est la peine perdue. Si la souveraineté du peuple n'est pas menacée, il serait nul de se priver des bienfaits de la société. La vie et la mort, on ne l'éprouve qu'une seule fois. La meilleure façon de vivre c'est d'être dans la noblesse. La beauté de la vie ne se comble que si l'homme et la femme s'unissent dans une vie portée par la richesse, et dans une jouissance portée par la tranquillité.

Le port d'arme n'est pas rituel en temps de guerre. Le plus désespéré parmi les gens, c'est celui qui ne fait rien pour se ménager. Être comblé d'une famille dont la philosophie de la vie est noble, lucide, et brave, c'est d'en vouloir, de se donner le temps, et d'être psychologiquement fort pour la mériter, pour ne pas la négliger. L'amour de soi c'est la clé de réussite pour toute personne consciente du bien et du mal. La citoyenneté, c'est l'ensemble des aspirations et conduites qui ébranlent tout gouvernement de nature dictatoriale.

Du droit naturel à la concession

Chapitre 2. Points de chute de la démocratie par rapport à « la sociologie existentielle ».

S'il est parvenu au lecteur toute la clarté de mon raisonnement, il pourra certes se faire une idée sur la nature et la forme même du savoir en principe naturel. J'en profite pour préciser que la science du droit naturel n'est point un choix politique comme la démocratie ou le despotisme. Le lecteur doit comprendre que l'évolution c'est simplement l'égalité dans le choix de la jouissance des bienfaits de ce monde. *Telle est la meilleure conception politique qui soit.* La raison ne peut advenir à l'oppression ; et personne ne peut, en toute conscience, reconnaître *la grandeur et la merveille des sciences et des arts* à une puissance coloniale, impérialiste ou esclavagiste. Des questions comme la violence policière, le chômage de masse, l'évasion fiscale, la corruption, et la pauvreté prouvent une chose, que notre conception de la démocratie ne relève point du droit naturel. On dirait que c'est un système destiné à produire de la violence et à créer des classes sociales conceptuellement antagonistes comme la bourgeoisie et le prolétariat, le pouvoir et la citoyenneté, la population carcérale et la population civile. Ceci nous pousse à bien vouloir comprendre la personnalité des théoriciens de la démocratie. Il est inadmissible qu'on se soumette à toute une série de principes irréfléchis dont les auteurs, dans leur totalité, estiment être favorables aux lois naturelles. On dirait tout de même qu'ils ont propulsé, de leurs démences et de leurs obsessions, un humanisme qui repose sur la philosophie de la domination, qui génère la sociologie des maîtres et des esclaves, des employeurs et des employés, des civils et des militaires, des responsables et des marginaux. Et pour atteindre cet objectif, il fallait instituer, comme on le sait, l'athéisme de base, qui consiste à nier le moindre rapport entre la loi naturelle et la loi divine. En principe, ce n'est qu'une ruse permettant au prince ingrat d'asservir au nom de la loi. Donc, il est temps qu'on revoie notre perception des choses, le rapport qu'on établit entre le peuple et ses dirigeants, l'idée qu'on a du Travail, de l'Industrialisme et de l'Art. Le problème qui se pose c'est qu'on note une insuffisance significative d'ordre philosophique et méthodique dans la vie politique. Je suis surpris de voir la recherche de la subsistance dans l'emploi, exclue du cadre de l'esclavage. Je m'apprête à bien vouloir parler de magie quand on confronte *les points de chute ou les failles de la démocratie.* On ne veut pas savoir qu'en excluant de la présidence les pauvres par le biais de la caution, on produit bien l'état d'esprit qui lie l'intelligence à la richesse, dans la subjectivité comme dans l'objectivité. Pour ainsi dire, quand l'État laisse des gens dans la misère et la pauvreté, on doit conclure qu'il est en guerre contre eux.

La théorie du corps politique qu'on compare à la complexité du corps humain nous inspire qu'il est possible d'assigner à la loi *l'esprit de la compensation.* C'est ainsi que j'établis *la théorie de l'évolution naturelle.* Je dirais qu'il n'y a pas pire absurdité que de vouloir établir une société conforme aux valeurs naturelles, en scindant, avant tout, entre le bien et le mal, l'innocence et la culpabilité, le gentil et le méchant, le courageux et le feignant, le riche et le pauvre, l'oppresseur et l'oppressé. J'estime fondamental le fait d'établir la négation dans tout ce qui semble être injustifiable, en abordant *la force de l'émotion,* dans le but de connaître la ruse de la politique. C'est pourquoi, par *la force de l'émotion,* on doit considérer le bien et le mal comme des facteurs dérivant de l'inconscience ; et il serait nécessaire que toute conception du langage puisse prendre les paroles pour des actes. De cette dynamique, *la théorie de l'équilibre* permettrait de tirer la part de l'émotion dans toute situation. Désormais, faudrait-il nommer le misérable le lâche, le fugitif le guerrier, et le riche le voleur ? Tant qu'on n'aura pas aboli la pauvreté, et les concepts égocentriques, on ne jouira point des actes émotionnels dépourvus de culpabilité. Et pour que le travail soit en conformité avec le principe du droit naturel, on fait prévaloir le sens de l'existence (cf. Note de textes 6). Dans un service par exemple, tout le monde doit percevoir le même salaire. On ne peut se baser sur la pluralité des tâches qui provient de la complexité du travail, pour introduire l'inégalité parmi les gens. Chacun peut voir qu'il n'y a aucune différence entre la force et l'intelligence ni entre l'expérience et l'assiduité. Ce qui donne au souverain le pouvoir et le devoir d'inscrire tous les services et ressources à la propriété absolue de l'État. Ce serait l'unique manière par laquelle on pourra pourvoir aux hommes des bienfaits de ce monde, dans la liberté et l'égalité.

Le cursus scolaire n'est pas contraire au droit naturel du fait qu'il produit de la distinction. On doit essayer d'imaginer la jalousie comme une morale politique au lieu d'un simple instinct. Il n'y a que la misère qu'on choisit puisque l'humanité est née dans l'abondance. Ce qui produit l'angoisse chez les individus qui nourrissent le principe de la domination. La fatalité qui découle de l'industrialisme doit nous apprendre qu'il est illogique de compromettre un droit existentiel par un autre. La subsistance est distincte de la quête du savoir ; alors, il est absurde qu'on en vienne à pouvoir faire du droit à la connaissance un moyen de subsistance, ainsi de suite. Donc, la philosophie de la liberté ne pourrait dépendre que de la sagesse à établir l'harmonie entre les gens et ce à quoi ils aspirent.

Du droit naturel à la concession

Chapitre 3. Étude des facteurs qui nous éloignent du principe naturel

Nous nous disons être dans une société libre et fière, quand des hommes et des femmes prennent la voie du célibat, non pas par refus du mariage et des enfants, mais, à cause des conditions établies pour la réussite. Exactement comme durant l'esclavage, où l'on privait les esclaves du droit de « se renouveler par la fécondité ». Donc, nul n'est inconscient du châtiment de la souffrance, quand on est perçu comme une ressource humaine ; quand on achète même de l'eau à boire dans son propre pays. Nul ne peut dresser également une représentation fiable des chaînes qui fracassent le corps et la morale des peuples dominés. De cette perspective, je dénonce grandement la chirurgie tragique et la démesure médicinale qui ne prennent en considération aucune réalité socio-économique. C'est-à-dire que l'avis du patient ne doit pas être inconsidéré ni par le médecin ni par ses proches, puisque la guérison passe par les désirs du souffrant. Alors, quand certains déclarent qu'ils ne supportent pas l'amputation, et qu'ils n'aiment pas être stigmatisés pour des raisons thérapeutiques, ou que d'autres disent qu'elles ne veulent pas avoir à choisir entre leurs survies et la réussite de leurs grossesses, on doit obligatoirement respecter leurs choix, pour réussir au moins le premier pas de la médecine au sens du droit naturel. *Telle est la fraternité naturelle.* On ne doit laisser à aucun système propre aux hommes d'avoir la raison de causer des souffrances et du désespoir. Les inégalités, si diverses qu'elles soient, restent les causes de toutes les dérives.

''*La défense du peuple incombe au peuple* '' ; cette parole de Thomas Sankara nous apprend que son patriotisme est existentiel, que sa liberté est tirée du droit naturel, et qu'il n'est adepte d'aucune perception illusoire de la démocratie. Pour qu'une politique soit en conformité avec le principe du droit naturel, il est nécessaire qu'on dissocie la vertu patriotique de toute vertu existentielle. La dignité humaine est si chère aux lois naturelles que la morale n'attribue pas la sagesse ou l'ignorance à un individu devant le poids de sa communauté. Nul n'est individuellement vicieux ou savant. La noblesse d'une société dépend de la façon dont elle traite les misérables. La philosophie politique de Thomas Sankara porte une sagesse fortement considérable. On y apprend qu'il n'y a aucun mal à éprouver la fantaisie des gens avec le droit naturel. Ce qui différencie « la sociologie existentielle » de la sociologie moderne, c'est qu'elle n'est pas l'œuvre d'une interprétation naïve de la condition et de l'évolution des hommes. À savoir que toutes les politiques détournées du principe existentiel génèrent des options médiocres et passives par rapport aux questions économiques et sociales. Le choix d'ériger des prisons pour établir la justice, l'arrogance qui sème l'amour de la fiscalité dans l'âme, l'amour aveugle qui cherche constamment la guerre au nom de la souveraineté territoriale, ainsi de suite, découlent des formes apolitiques qui ne nécessitent aucune sagesse et qui, d'ailleurs, ne permettent absolument p   as de parfaire les conditions humaines. La discrimination qui renvoie à la hiérarchisation de la société, et l'avarice qui favorise la monétisation des ressources naturelles, relèvent de la perversité, ct peuvent conduire à la déshumanisation en précipitant la fin de la civilisation. C'est pourquoi il est nécessaire d'avouer qu'une théorie politique ne peut atteindre la pureté du droit naturel sans faire la distinction entre la volonté politique du souverain et l'aspiration de la masse populaire. Il faut que ces deux forces entrent régulièrement dans la confrontation pour que les lois puissent surgir du vrai droit politique. Car, une fantaisie inspirée de « la sociologie existentielle » ne distingue pas l'autorité étatique de l'autorité citoyenne… Par conséquent, *la théorie de la suppression et de remplacement* voudrait que toute la justice repose sur *la compensation.*

Ainsi, je peux conclure en disant que, chaque point de chute de la démocratie recouvre une violence qui vole graduellement l'honneur et la dignité de tous les individus. La liberté, conformément au droit naturel, qui consiste à jouir des bienfaits terrestres, repousse tout principe qui durcirait l'évolution ou la sociologie des hommes. L'une des fausses vérités qu'on professe, c'est de supposer qu'on puisse mettre les menottes à quelqu'un, ou de l'humilier avec la garde à vue, ou bien de le mettre en prison, sans porter atteinte à sa liberté existentielle, l'harmonie qu'il cultive continuellement avec soi-même. D'ailleurs, il n'y a rien dans le droit naturel qu'on puisse négliger au profit d'un principe étranger. Le monde dans lequel on s'investit doit être vrai. De ce fait, on doit s'attendre à ce que, dans une démocratie normale, où la séparation des pouvoirs est considérable, dans une magistrature honorable, que le seul juge qui soit, reste le président de la République. Ceci permettrait au peuple d'être responsable en votant, d'être conscient que l'unique choix qu'on puisse faire dans l'optique d'un vote, c'est d'évaluer la personnalité de chaque candidat. Parfois, la manière dont l'individu gère ses biens, et le comportement qu'il a envers ses parents, ses frères et sœurs, l'attention qu'il porte envers ses femmes et ses enfants peuvent suffire largement pour savoir ses capacités à gérer les affaires des populations. C'est une façon de dire que, nul ne serait vraiment enthousiaste en se soumettant à des fantaisies contraires aux lois naturelles. La philosophie contemporaine de la subsistance, basée sur ce système monétaire, rend insoutenable la perversité de la culture du travail. Ce qui double la servitude qui relève du capitalisme et du matérialisme (cf. Note de textes 7). Ne serait-ce que l'idée d'être soumis à l'emploi, pour subsister, pose un problème ; ce qui veut dire, aucune théorie monétaire ne peut valoir ou surpasser l'or et l'argent. Étant donné que le moindre principe de la vie doit être en conformité avec le droit existentiel, un consensus sur la monnaie ne devrait pas changer ce qui est vrai, authentique et formidable.

Du droit naturel à la concession

Chapitre 4 : Les fondements du principe naturel

1- Le refus du principe de « l'état de nature » avant « l'état social »

En considérant la démocratie comme l'extension de la monarchie, on peut voir clairement le mal dont les philosophes se sont assignés pour rendre convenable la tyrannie. Et il est évident que la meilleure manière d'y parvenir soit le fait de détourner les gens de l'essentiel. Certes nous sommes une génération pauvre en civilisation ; que la majeure partie de notre héritage repose sur *« la domination de l'homme par l'homme »*. De cette dynamique, la seule vraie question qui doit nous persuader serait le caractère insensible qui a produit l'athéisme et l'évolutionnisme. Comme il se trouve que la foi en Dieu n'est point un mécanisme de développement ou de survie en démocratie, on aurait tort de se servir du mépris de la religion pour donner l'espoir aux hommes. En d'autres termes, le fait d'avancer la non-existence de Dieu ou la théorie de « l'évolution morphologique » n'est pas un sujet de réflexion, au contraire, il s'agit d'une morale politique qui cultive la docilité et l'immoralité. Raison pour laquelle, on ne peut s'opposer au matérialisme qui produit le capitalisme et l'indécence, et on perd en l'occurrence l'esprit de la résistance, en résistant naïvement aux effets de l'oppression, en refusant d'admettre les causes de la servitude.

2- Le refus de l'influence du climat (milieu) sur le caractère et la couleur

Ce double refus est fondamental pour une parfaite initiation au principe du droit naturel. Il est important de rappeler que rien ne peut influencer la personne en dehors de son intelligence. Donc, quand on prétend que le climat, et dans certaines mesures, le milieu, pourraient influencer la manière dont la politique s'exerce chez les différentes agrégations qui constituent la force de l'espèce humaine, on se trompe. Comprendre ainsi l'ordre des choses, c'est savoir que toute la politique repose essentiellement sur la culture ; et le fait qu'elles soient graduellement différentes par rapport aux différents milieux dépend des perceptions professées concernant Dieu et l'Univers. Et pour ce qui est de la pluralité des couleurs raciales, il serait tellement faux de croire que la force et la complexité de la nature puissent en déterminer le ressort.

3- Le droit existentiel

L'établissement de l'essence du travail et de sa dynamisation est une parfaite option pour donner une idée claire et précise des fondements du principe naturel. Ce qui est largement suffisant pour réaliser que les conceptions politiques non conformes au droit naturel réduisent inévitablement les citoyens à l'esclavage. La raison relève du fait qu'on suppose toujours que la morale part du souverain au peuple. Or c'est une illusion : l'autorité ne convient qu'à la masse populaire. Donc, si l'on fait le rapport de tout ceci avec la nature généalogique de la nationalité ainsi que la mise en valeur des aspirations de chaque individu, on pourrait dire, la quintessence du principe naturel dépend de l'harmonie qui porte la sociologie existentielle.

Du droit naturel à la concession

Chapitre 5 : La Liberté

La souveraineté d'une communauté dépend de la liberté des membres qui la composent. La justice n'est complexe en démocratie que lorsqu'il s'agit de plaider pour un coupable, de lui accorder la présomption d'innocence, et d'éprouver toute la jurisprudence à cause de ce qu'on doit à un avocat. Il y a également le fait que, la question de l'obéissance soit assimilée à la liberté, ainsi de suite. Or, une telle perception s'oppose à la souveraineté. Imaginons en l'occurrence la sociologie féodale. Jamais, un seigneur féodal n'a fait l'erreur de « détruire » sa propre population. Quelle que soit son usurpation inqualifiable et sans borne, on devait toujours laisser une place, si petite qu'elle soit, à la « propriété privée », au « droit sécuritaire », et « familial ». Ceci, même étant le maximum de ce qu'on doit assurer, les gens pouvaient toujours se forger une raison pour légitimer leur loyauté ; et ils devaient donc rester loyaux dans cette perspective aussi longtemps qu'ils aspirent à s'établir et accroître leur richesse : et grâce à ce qu'ils gagnent, le seigneur intensifie contre eux son pouvoir et sa domination…

L'approche de l'humanité basée sur la théorie évolutionniste ne peut être comparée, dans toute l'histoire de l'humanité, qu'avec celle des Pharaons ; et leur seul point commun c'est le travail. Sous le règne des Pharaons, les hommes, convaincus de la divinité des maîtres, donnaient la totalité de leur liberté à la grandeur des dieux, pour atteindre « le salut ». Ils ne se voyaient en l'occurrence ni misérables ni esclaves. Les Pharaons, n'ayant d'autre souci que de rendre leur autorité beaucoup plus conséquente, pouvaient jouir follement de cette docilité. Il n'en demeure pas cependant quelque rapport à caractère monstrueux qui réduirait à l'arbitraire tout l'honneur et la dignité du peuple. C'est tout à fait le contraire dans la mesure où, seul le travail semblait être une obligation. Si un individu doté d'une force physique ou de bravoure s'engage volontairement à rejoindre l'armée des dieux, il ne peut espérer mieux dans sa vie, considérant que la meilleure fin serait de défendre leur grandeur ; s'il est doté de perspicacité ou d'éloquence susceptible d'attirer leur attention, il ne pourrait jouir d'un statut meilleur que celui d'intégrer leur cercle, en tant que philosophe ou sorcier ; et s'il est doté d'expérience ou des connaissances scientifiques ou technologiques, il ne pourrait s'offrir dans la société d'une fonction meilleure que celle d'être la locomotive des grandes découvertes et inventions qui dirigeraient la terre entière vers la merveille des grandes civilisations. De ce fait, par la compétence, on dresse l'impact du statut social sur la personnalité des individus. C'est-à-dire, le travail au sein de la société détermine sans l'ombre d'un doute l'honneur et la dignité ; ce dont on est voué à être respecté ou humilié aussi longtemps qu'on l'exerce. Et par malheur, la masse des populations ne saurait se doter que de la voie de l'humiliation. Ils assurent donc la puissance du système qui les opprime, et le confort des gens qui les y humilient. Voilà l'exposé d'une analogie vivante, afin que le lecteur puisse assumer, sans aucune contrainte intellectuelle, l'esclavage en démocratie par le biais du travail et de la fiscalité.

Quand un groupe d'individus conviennent d'évoluer selon la loi du partage et la quête du bien-être, chacun développera de ses études et de son expérience, l'Amour. Ainsi, la souveraineté existentielle serait déterminée par deux facteurs à savoir : l'amour de Dieu ou l'estime des gens qui ont foi en Lui, et l'amour de « la jouissance temporelle » dans le respect des lois de la nature. Alors, si le premier principe s'altère, on tombe dans l'inconvenance de la religion et l'athéisme, et si le second principe s'altère, on s'éprouve avec l'individualisme et la démocratie. Donc, l'estime de soi serait uniquement le fait de subsister et d'acquérir des connaissances de la meilleure des façons sans altérer ou compromettre les fondamentaux du droit naturel. Il se trouve qu'on a une fausse perception de la Justice et de l'État, et de ce que la Justice est, et pour l'État et pour les individus. Les leaders, étant l'émanation directe du peuple, on ne peut supposer que l'État ait pour devoir de protéger qui que ce soit ; au contraire, c'est plutôt au peuple que revient le devoir de lutter pour protéger ce qui est bon pour lui. Il est inutile de vouloir une morale qui proviendrait des autorités dans cet ordre, comme je ne pourrais pas expliquer non plus l'arrogance qui conduirait l'État à créer des troupes et à fabriquer de l'argent, si nous le percevons comme un simple mécanisme qui doit pourvoir aux populations des bienfaits terrestres. Nous savons qu'on va même jusqu'à oublier le rôle que l'État doit jouer dans l'existence de tout un chacun. Qu'on nous dise que la fiscalité est citoyenne parce qu'elle permet à l'État de financer ses projets. Il y a aussi le fait que, si un projet arrive à son terme, on en exclut la citoyenneté pour inclure des rapports purement commerciaux, etc.

Chapitre 6 : La Révolution

Le principe de la révolution naturelle c'est l'art d'observer la Compensation de la loi et la cohérence du progrès. Ce qui veut dire que la sagesse ou la violence d'une révolution dépend de la philosophie qui la porte ; par contre, sa réussite ou sa cohérence dépend de la persévérance de ceux qui aspirent au changement. C'est la méthode après tout. Le fait que le principe de la révolution en démocratie aboutit toujours à la violence relève du fait que le destin du Président soit constitutionnellement préétabli ; et par conséquent, on ne saurait améliorer de manière considérable la condition des citoyens. Quand un gouvernement échoue à donner à chaque citoyen du travail, il rationalise cette paresse, et en fait quelque chose de normal, et on verra ces citoyens-là être fortement joyeux, croyant être plus chanceux que les autres, satisfaits. C'est une façon de dire qu'une mauvaise méthode pour résister à l'oppression peut paraître aussi violente que l'oppression elle-même. Ainsi, face à toutes les oppressions, on nous impose des chemins insoutenables qui nous font oublier la quintessence de nos efforts, ou le pourquoi de notre existence…

De l'oppression des princes, il y en a qui en souffrent de par une approche erronée de la réussite, supposant qu'ils pourront améliorer des conditions sciemment voulues par des politiques données, en se soumettant à des directives étrangères aux causes qu'ils défendent ; il y en a qui en souffrent, en tant que croyants en Dieu l'Unique, par l'ignorance des principes divins ; de même que ceux qui sont séduits par le choix que les gouverneurs se donnent dans l'optique d'humilier l'être humain, à cause de l'ignorance dont ils souffrent eux-mêmes. Alors, quand des croyants en Dieu l'Unique croient à la nature divine de la pauvreté, cela suppose qu'ils sont ignorants même de la nature de leurs propres religions ; et par conséquent, ils ne parviendront jamais à donner des réponses divines devant le capitalisme et l'oppression. Et si les autres peinent à poser des alternatives convaincantes, soit ils vénèrent des dieux aux forces limitées, soit ils s'obstinent dans la haine de Dieu l'Unique. Ceci est plus raisonnable que d'imaginer la faveur du Divin à l'inégalité. En regardant pitoyablement la philosophie des hommes, et la manière dont ils exercent le pouvoir, il est probable qu'ils méprisent instinctivement l'idée de la Justice ou l'idée de la Compensation.

Notes des textes

1. Ibn Khaldoun explique le fait que : « *Les habitants des villes, s'étant livrés au repas et à la tranquillité, se plongent dans les jouissances que leur offrent le bien-être et l'aisance, et ils laissent à leur gouverneur ou à leur commandant le soin de les protéger en leurs personnes et leurs biens. Rassurés contre tout danger par la présence d'une troupe chargée de leur défense, entourés de murailles, couverts par des ouvrages avancés, ils ne s'alarment de rien, et ils ne cherchent pas à nuire aux peuples voisins (...) Les gens de la campagne, au contraire, se tiennent éloignés des grands centres de population ; habitués aux mœurs farouches que l'on contracte dans les vastes plaines du désert, ils évitent le voisinage des troupes auxquelles les gouvernements établis confient la garde de leurs frontières, et ils repoussent avec dédain l'idée de s'abriter derrière des murailles et des portes ; assez forts pour se protéger eux-*

mêmes, ils ne confient jamais à d'autres le soin de leur défense et, toujours sous les armes, ils montrent, dans leurs expéditions, une vigilance extrême... » Les prolégomènes : Seconde Section. Les gens de la campagne sont plus braves que ceux des villes.

2. À travers le chapitre (la soumission aux autorités constituées nuit à la bravoure des citadins et leur enlève la pensée de se protéger eux-mêmes), Ibn Khaldoun nous explique que : *« Personne n'est maître de ses actions, à l'exception d'un petit nombre de chefs, qui commandent aux autres hommes. On est presque toujours soumis à une autorité supérieure (...) Si l'autorité se distingue par la douceur et la justice, si elle ne fait pas trop sentir sa force et sa puissance coercitive, ceux qui la subissent montrent un esprit d'indépendance qui se règle d'après le degré de leur courage. Se croyant libres de tout contrôle, ils montrent une présomption qui est devenue pour eux une seconde nature, et ils ne connaissent pas autre chose. Si, au contraire, l'autorité s'appuie sur la force et la violence, les sujets perdent leur énergie et leur esprit de résistance ; car l'oppression engourdit les âmes... «* Les Prolégomènes, Première Partie.

3. Selon Ibn Khaldoun : *«La civilisation des campagnards est inférieure à celle des habitants de villes ; tous les objets de première nécessité se trouvent chez ceux-ci, et manquent très souvent chez les autres. Les campagnes ne peuvent pas fournir aux cultivateurs les divers instruments agricoles ni leur offrir tous les moyens qui facilitent la culture de la terre ; les arts manuels surtout n'y existent pas. On n'y trouve ni menuisiers, ni tailleurs, ni forgerons. Tous les arts qui fournissent aux premiers besoins de la vie et qui offrent à l'agriculture les objets les plus indispensables n'existent pas en dehors des villes. Les campagnards n'ont pas de monnaie d'or et d'argent, mais ils en possèdent l'équivalent dans les produits de leurs terres et de leurs troupeaux. Le lait ne leur manque pas, ni la laine, ni le poil de chèvre et de chameau, ni les peaux, ni d'autres choses dont les habitants de villes ont besoin. Ils échangent ces matières contre des dirhems et des dinars. Faisons toutefois observer que le campagnard a besoin du citadin lorsqu'il veut se procurer les objets de première nécessité, tandis que celui-ci peut se passer du campagnard tant qu'il ne recherche pas les choses qui lui sont d'une nécessité secondaire, ou qui peuvent contribuer à son bien-être «.* Les Prolégomènes, Première Partie : Les peuplades et les tribus (agricoles) qui habitent les campagnes subissent l'autorité des habitants des villes.

4. Selon Montesquieu « *Sitôt que les hommes sont en société, ils perdent le sentiment de leur faiblesse ; l'égalité, qui était entre eux, cesse, et l'état de guerre commence. Chaque société particulière vient à sentir sa force ; ce qui produit un état de guerre de nation à nation. Les particuliers, dans chaque société, commencent à sentir leur force ; ils cherchent à tourner en leur faveur les principaux avantages de cette société ; ce qui fait entre eux un état de guerre.* » De l'Esprit des Lois. Livre premier ; des lois en général, chapitre 3 : Des lois positives

5. Dans la Préface du livre Traité Théologico-Politique, Spinoza nous dit : « *Si les hommes étaient capables de gouverner toute la conduite de leur vie par un dessein réglé, si la fortune leur était toujours favorable, leur âme serait libre de toute superstition (...) Or l'esprit des hommes étant divers, celui-ci trouvant son compte à certaines opinions qui conviennent moins à celui-là, de façon que l'un ne trouve qu'un objet de risée dans ce qui porte un autre à la piété, j'aboutis finalement à cette conséquence qu'il faut laisser à chacun la liberté de son jugement et le pouvoir d'entendre les principes de la religion comme il lui plaira, et ne juger de la piété ou de l'impiété de chacun que suivant ses œuvres. C'est ainsi qu'il sera possible à tous d'obéir à Dieu d'une âme libre*

et pure, et que la justice et la charité seules auront quelque prix. »

6. Pierre-Joseph Proudhon nous apprend dans sa Théorie de la propriété : « *Si nous nous traitons tous en étrangers, c'est-à-dire en ennemis comme propriétaires, nous ne manquons jamais de nous traiter en associés comme travailleurs-échangistes. Est-ce, qu'en échangeant nos produits contre les siens, nous n'indemnisons pas le fermier du fermage qu'il paye au propriétaire de sa terre l'emprunteur, de l'intérêt qu'il paye à son créancier le commerçant et l'industriel, des loyers qu'ils payent aux propriétaires de leurs magasins et de leurs ateliers ? - Supprimons toutes les aubaines par lesquelles nous faisons acte de propriétaires ; et ipso facto nous sommes tous associés ; pour assurer la perpétuité de l'association, nous n'avons plus qu'à l'organiser en créant collectivement un certain nombre d'institutions de mutualité : assurances mutuelles, Crédit Mutuel, etc.* »

7. On doit comprendre que rien n'est plus inquiétant que cette affaire. Montesquieu nous montre en l'occurrence un fait incontestable : « *Ce qui me fait penser ainsi, c'est qu'avant que le christianisme eût aboli en Europe la servitude civile, on regardait les travaux des mines comme si pénibles, qu'on croyait qu'ils ne pouvaient être*

51

faits que par des esclaves ou par des criminels. Mais on sait qu'aujourd'hui les hommes qui y sont employés vivent heureux. On a, par de petits privilèges, encouragé cette profession ; on a joint à l'augmentation du travail celle du gain ; et on est parvenu à leur faire aimer leur condition plus que toute autre qu'ils eussent pu prendre ». De l'Esprit des Lois ; Livre Quinzième ; Comment les lois de l'esclavage civil ont du rapport avec la nature du climat ; chapitre 8, Inutilité de l'esclavage parmi nous.

TABLES DES MATIÈRES

Du droit naturel à la concession